A bilingual book about colors

Un livre bilingue sur les couleurs

Written & Illustrated by Ann Hamilton-Lee
Narrated by Clement D

© 2025 Mooliprint

All rights reserved.

Without limiting the rights under copyright reserved above, no part of this publication may be reproduced, stored in a retrieval system, or transmitted in any form or by any means, electronic, mechanical, photocopying, recording or otherwise, without the prior permission of the publisher.

On a high shelf in the artist's studio sat three little paint pots: **Red**, **Blue**, and **Yellow**.

Sur une étagère haute dans l'atelier de l'artiste, reposaient trois petits pots de peinture : Rouge, Bleu et Jaune.

"Hey I'm Red! Without me, there'd be no strawberries or apples! I'm the most delicious color of them all!"

« Hé, je suis Rouge ! Sans moi, il n'y aurait ni fraises ni pommes ! Je suis la couleur la plus délicieuse de toutes ! »

"I'm Blue—the color of open skies and deep oceans. I bring peace and calm wherever I go."

« Moi, je suis Bleu—la couleur du ciel infini et des océans profonds. J'apporte la paix et la sérénité partout où je vais. »

"Hi there! I'm Yellow—bright as the sun and warm as a summer day. I like to keep things sunny!"

« Salut tout le monde ! Moi, c'est Jaune—brillant comme le soleil et chaleureux comme une journée d'été. J'aime illuminer tout autour de moi ! »

Each paint pot was proud of its color but sometimes sitting alone on the shelf made them wish for something more.

Chaque pot de peinture était fier de sa couleur. Pourtant, parfois, rester seuls sur l'étagère leur donnait envie d'autre chose.

One day, the artist picked up all three paint pots and placed them onto a palette. The paint pots looked at each other, surprised to be so close together.

Un jour, l'artiste prit les trois pots de peinture et les plaça sur une palette. Les pots se regardèrent, surpris d'être si proches les uns des autres.

"I bet the artist will pick me first!" said Red.

« Je suis sûr que l'artiste va me choisir en premier ! » dit Rouge.

"Well, I'm kind of essential. Hard to imagine a painting without a touch of blue."

« Eh bien, difficile d'imaginer une peinture sans une touche de bleu, » répondit Bleu avec assurance.

Yellow gave a bright smile. "Hey, every painting needs a little sunshine. I'm sure the artist will reach for me first."

Jaune, tout sourire, ajouta : « Hé, chaque tableau a besoin d'un peu de soleil. Je suis certain qu'il commencera par moi. »

The paint pots began to argue, each wanting to be picked first.

Les pots de peinture commencèrent à se chamailler, chacun voulant être le premier choisi.

As they argued, the palette started to slip out of their hands...

Pendant leur dispute, la palette glissa soudain...

WHOOSH!

SPLAT!

Oh no! There was paint everywhere! But to their surprise they noticed some of the red paint had mixed with the yellow...

SPLAT!

Oh là là ! Il y avait de la peinture partout ! Mais à leur grande surprise, ils remarquèrent que du rouge s'était mélangé avec du jaune...

"Wow! We made a new color!" they shouted.

« Oh là là ! On a créé une nouvelle couleur ! » s'écrièrent-ils.

"Hey Yellow!" Shouted Blue. "Come and see what has happened here!"

« Hé, Jaune ! » appela Bleu. « Viens voir ce qui s'est passé ici ! »

"Look! We've made another color!" they said, amazed.

« Regarde ! Une autre couleur est apparue ! » dirent-ils, émerveillés.

The paint pots looked around, forgetting their arguments as their colors combined in surprising ways.

When Red and Blue mixed, they made a beautiful new color.

Les pots de peinture observèrent autour d'eux, oubliant leurs disputes, tandis que leurs couleurs se mélangeaient pour créer des teintes inattendues.

Quand Rouge et Bleu se mélangèrent, ils donnèrent naissance à une magnifique nouvelle couleur.

Now the palette wasn't just Red, Blue, and Yellow. There was also Orange, Green, and Purple!

"Look at all the new colors we've made!" they said happily.

La palette n'était plus seulement Rouge, Bleu et Jaune. Désormais, il y avait aussi de l'Orange, du Vert et du Violet !

« Regardez toutes les nouvelles couleurs que nous avons créées ! » s'exclamèrent-ils avec joie

When the children came back and saw the palette, they smiled. "Wow! So many beautiful colors!"

The paint pots were proud of what they had done.

Quand les enfants revinrent et virent la palette, ils sourirent : « Waouh ! Tant de belles couleurs ! »

Les pots de peinture étaient fiers de leur œuvre.

The children used all the colors to paint a beautiful pictures.

The paint pots watched, feeling happy and excited.

Les enfants utilisèrent toutes ces couleurs pour peindre de magnifiques tableaux.

Les pots de peinture les observèrent, le cœur léger et débordant de joie.

"Being our own color is beautiful," said Red.

. « Être soi-même, c'est magnifique, » dit Rouge.

But when we combine, we can create something **amazing**.

Mais ensemble, nous pouvons créer des choses **extraordinaires**.

THE COLOR WHEEL

Imagine a circle showing all the colors! The primary colors are spaced out in the circle. When you mix two primary colors, the new secondary color appears between them on the wheel. The color wheel helps us see how colors work together!

PRIMARY COLORS

Red, blue, and yellow are called **primary colors**. They are special because they can't be made by mixing other colors.

SECONDARY COLORS

When you mix two primary colors, you get a new color called a **secondary color**! For example, red and yellow make orange, blue and yellow make green, and red and blue make purple.

COMPLEMENTARY COLORS

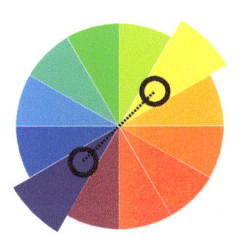

On the color wheel, each color has an opposite color, called a **complementary color**. For example, red is opposite green. These opposite colors look really bright and stand out when placed next to each other, which is why artists use them to make things pop!

LA ROUE DES COULEURS

Imagine un cercle qui montre toutes les couleurs ! Les couleurs primaires sont réparties sur le cercle. Lorsque vous mélangez deux couleurs primaires, la nouvelle couleur secondaire apparaît entre elles sur la roue. La roue des couleurs nous aide à comprendre comment les couleurs fonctionnent ensemble !

LES COULEURS PRIMAIRES

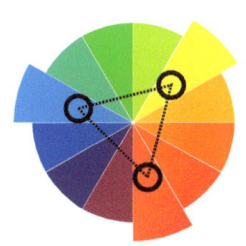

Le rouge, le bleu et le jaune sont appelés les **couleurs primaires**. Elles sont spéciales parce qu'elles ne peuvent pas être créées en mélangeant d'autres couleurs.

LES COULEURS SECONDAIRES

Quand vous mélangez deux couleurs primaires, vous obtenez une nouvelle couleur appelée une **couleur secondaire** ! Par exemple, le rouge et le jaune donnent de l'orange, le bleu et le jaune donnent du vert, et le rouge et le bleu donnent du violet.

LES COULEURS COMPLÉMENTAIRES

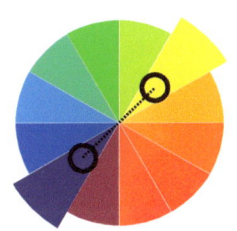

Sur la roue des couleurs, chaque couleur a une couleur opposée, appelée **couleur complémentaire**. Par exemple, le rouge est opposé au vert. Ces couleurs opposées paraissent très vives et ressortent lorsqu'elles sont placées côte à côte, c'est pourquoi les artistes les utilisent pour faire ressortir certains éléments !

SPOT THE DIFFERENCE
REPÉRER LA DIFFÉRENCE

There are 5 to find

Il y en a 5 à trouver.

Play time

Scan the QR code or visit
https://BookHip.com/KJJWFLK
to get your free audiobooks in
English and French!

ANSWERS
RÉPONSES

Other books

Available on Amazon or Mooliprint.com

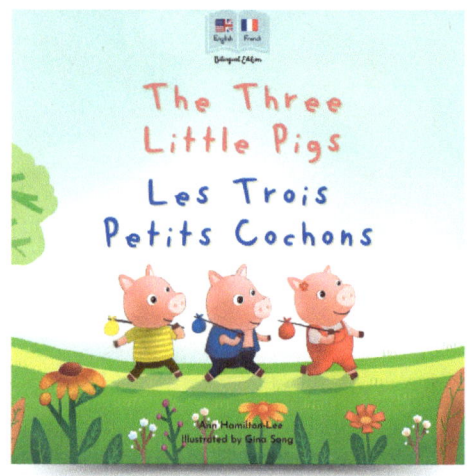
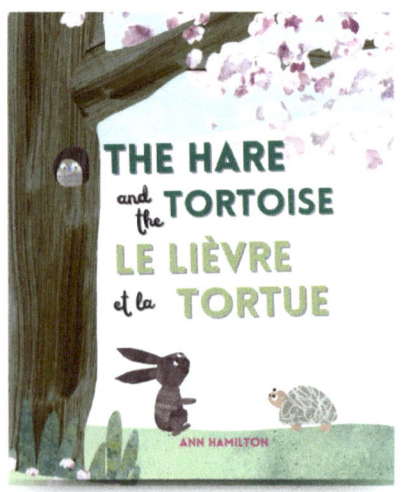

www.ingramcontent.com/pod-product-compliance
Lightning Source LLC
Chambersburg PA
CBHW041118070526
44584CB00002B/209